Christus auf Pigalle

Ein Gespräch in Paris

von Klaus P. Fischer / René Pinsard

P. Rene Pinsard und P. Philippe Barbarin (links)
Weihnachten 1977 in Siloe/Pigalle

Zum Geleit von Philippe Cardinal Barbarin/Lyon

Es war Weihnachten 1977. Vor acht Tagen wurde ich in Avortville zum Priester ordiniert, der Stadt, in der sich Abbe Pierre niedergelassen hat und gestorben ist. Man bleibt dem Ort seiner Ordination und seinem ersten Priesteramt immer sehr verbunden,; den Straßen den Familien, den Gebäuden…

Eine Arbeiterstadt, die sich über mehr als fünf Kilometer am Ufer der Seine erstreckt. Ursprünglich für die Angestellten der SNCF (Französische Bahngesellschaft) gebaut, ist sie dann nach dem schrecklichen Völkermord von 1915 (durch die Türkei) von einer großen armenischen Kolonie bevölkert worden und hat sich danach in der Nähe von Paris immer weiterentwickelt.

Trotzdem habe ich, als mein erster Weihnachtsabend als junger Priester kam, die Pfarrei verlassen, um mit Pater Rene Pinsard nach Siloe ins Viertel Pigalle zu gehen. Erstaunlich, dieser Philosophieprofessor, der hier das schöne Abenteuer angestoßen hat, die Welt der Prostitution und der Transvestiten der Kirche begegnen zu lassen! Im Erdgeschoss war eine Bar und ein Restaurant, einfach, wie man sie an allen Straßenecken sieht. Im Obergeschoss ein Gebetsraum, wo das Heilige Sakrament und wo sich ständig Christen vereinigen in der Anbetung dieser Präsenz.

Siloe… **„Geh dich im Becken von Siloe waschen!"** hatte Jesus zum blind Geborenen gesagt (Johannes 9,7). Es ist ein symbolischer Name, denen gewidmet, deren Augen nach einer Begegnung mit dem Herrn das Licht wiedergefunden haben.

Einige Monate früher, im Sommer 77, hatte ich eine junge Frau kennengelernt, die aus der Prostitution ausgestiegen und die von Freunden zu einer Pilgerfahrt ins Heilige Land eingeladen worden war. Sie erklärte mir, dass sie auch von Drogen in den Abgrund gerissen wurde. Als Diakon ohne seelsorgerische Erfahrung hörte ich mir alles an und bewunderte gleichzeitig die innere Entschiedenheit dieser Person, die Sensibilität derer, die sie umgaben, und vor allem natürlich die Gnade Gottes an diesem Werk. Der Kontakt hat sich vertieft, und unser Austausch über den Glauben und das spirituelle Leben haben sie dazu gebracht, mich zu ihrer Taufe und Erstkommunion einzuladen, die am Heiligen Abend 1977 gefeiert werden sollten.

Um mich auf das Ereignis vorzubereiten, hatte Pater Pinsard vorgeschlagen, mir ein paar Wochen vorher schon die Orte an einem Mittag anzuschauen. Für die Heilige Nacht würde alles in eine Kapelle verwandelt werden, aber ich sollte im Voraus das Gesicht des täglichen Lebens im Haus kennen lernen.

Tatsächlich ist es für mich eine Entdeckung; ich schaue es mir von allen Seiten an; die Gesichter und Unterhaltungen dieser völlig neuen Welt faszinieren mich, so dass Pater Pinsard mich an unser Gespräch erinnert und er mir selbst alle Erleuchtungen gibt, die ich brauche.

Angesichts meiner Unerfahrenheit habe ich sowohl meinen Pfarrer als auch meinen Vater davon benachrichtigt und mir ihren Rat eingeholt. Aber sie gaben mir kaum welchen und haben mich ermutigt und mir versichert, dass sie an der Freude während der Nachtmesse teilnehmen würden. Dann kam diese unvergessliche Feier, einfach und fromm, die uns unendliche Perspektiven der Hoffnung eröffnete. Ja, die Liebe Gottes kann über alle unsere Leiden siegen und uns neue Wege der Freiheit eröffnen, sogar dort, wo uns eine Sackgasse da zu sein scheint.

Es ist eine Freude für mich, das Werk von Klaus P. Fischer über Pater Pinsard zu lesen und darin das Foto zu finden, wo er (in meinem Bcisein) das Taufregister unterschreibt,... ein bestimmter Weihnachtsabend 1977! Offensichtlich kommen mir jedes Mal, wenn ich Gelegenheit habe, in diesem Viertel vorbei zu schauen, die Gesichter und Worte dieser einzigartigen Nacht in den Sinn, tief eingraviert in mein Gedächtnis.

Es ist ein großes Glück, dass ich mein Priesteramt damit begonnen habe, diesen Menschen zu begegnen und mit den Gnadenereignissen verbunden zu sein, in denen uns Gott, nach einem Ausdruck von Papst Franziskus, „die geheimnisvolle Handlung der Auferstehung und seines Geistes" zeigt und „den besonderen Platz der Armen im Gottesvolk".

Siloe

Am Wege stand ich als ein Blinder,
Den Geist umhüllt von tiefer Nacht,
Einsam im Strom der Menschenkinder,
Trostlos in all der Erdenpracht,
Und wie ich seufzte, wie ich klagte,
Mein dürstend Herze fand kein Licht,
Und wo ich suchte, wen ich fragte,
Kein Menschenmund gab mir Bericht.

„Geh zum Siloe, blinde Seele!"
Klangs plötzlich wie aus Himmelshöhn,
Und um die dunkle Augenhöhle
Fühlt ich ein warmes Liebeswehn,
Wie Balsam spürt ich das Berühren
Von einer sanften Heilandshand,
Ich sah nicht, doch ich ließ mich führen,
Bis ich den Quell Siloe fand.

Siloe ist ein stiller Brunnen,
Leis fließt er hin, wie Mondesstrahl,
Von Zion kommt er hergeronnen
Und senkt sich tief ins finstre Tal;
Siloe ist „vom Herrn gesendet,"
Der lautre Strom, das Gotteswort,
Der Wunderquell, der Leben spendet
Und himmlisch Licht an dunklen Ort.

Karl Gerok

Inhalt

	Seite
Zum Geleit	3
Vorwort	8
Christus auf Pigalle – ein Gespräch	10
Zu den Personen	59

Vorwort

Die nachfolgenden Seiten geben ein Gespräch wieder, das ich im Juni 2012 während zwei Tagen mit Père René Pinsard, Paris, führte. Gegenstand waren jene rund zwanzig Jahre, in denen P. Pinsard, ein Priester, der die Action Siloe leitete und inspirierte, vor allem im Rahmen eines kleinen Restaurants am Rande der Place Pigalle.

Die Place Pigalle bildet eine Welt für sich, getrennt – jedenfalls auf den ersten Blick – von der „guten Gesellschaft", eine Welt, die nach eigenen Gesetzen und Regeln lebt. Die Fassade dieser Welt – sie verheißt Spektakel und Vergnügen jeglicher Art – ist jedoch trügerisch. Die glänzende Oberfläche verbirgt menschliches Elend und ungelöste Probleme der sogenannten „guten Gesellschaft" in einem Maße, dass man „Pigalle" (und ähnliche Bezirke auf der ganzen Welt) als die Rückseite oder den dunklen Untergrund der 'normalen' Gesellschaft bezeichnen kann.

Das Restaurant diente als Plattform für die vielfältigen Begegnungen des Priesters und seiner Equipe mit den Menschen des Viertels – ein Einsatz, der sie mit den Abgründen menschlicher Existenz, aber auch mit deren – manchmal sich nur andeutenden – erstaunlichen Möglichkeiten konfrontierte. Père Pinsard hatte mich für diese Bilanz als Gesprächspartner gewünscht, denn dank eines historischen Privilegs konnte ich als freier Mitarbeiter das allererste Jahr der Action Siloe mit ihm und den ersten Helfern unmittelbar miterleben. Zudem waren wir über seine Erfahrungen mit Siloe all die Jahre hindurch in Kontakt geblieben. Im Laufe des Gesprächs wurde uns beiden wieder deutlich, dass diese Art Engagement zutiefst dem Evangelium entspricht, dass es heutzutage wieder aufgenommen und vielerorts fortgeführt werden sollte, und dass die spirituellen Einblicke wie auch die Erfahrungen mit Menschen, die sich im Rahmen von Siloe auftaten, eine wesentliche und unersetzliche Bedeutung für jede pastorale und soziale Tätigkeit haben.

Man möge in Pinsards Erläuterungen manch dankbare Bezugnahme auf seine Person, die sich in Äußerungen von Klienten finden, nicht missverstehen: sie sind von der Art, wie sie jede echte Erfahrung und Seelsorge begleiten, und gelten – tiefer gefühlt – eher Gott bzw. Christus, zu denen seelsorgliche Begegnung und Begleitung hinführen.

Das Gespräch wurde auf Französisch geführt und aufgenommen; für die deutsche Fassung musste es konzentriert, adaptiert und mit einigen zusätzlichen Informationen versehen werden. Fragen und Zutaten des Übersetzers und Herausgebers sind kursiv gehalten.

Heidelberg, 22. Februar 2013
Klaus P. Fischer

Christus auf Pigalle

Père Pinsard, die Aktion Siloe, in der Sie sich von Beginn an über etwa zwanzig Jahre engagiert haben, ist vor mehr als zehn Jahren zu Ende gegangen. Was war der Ursprung von Siloe? Hat ein ungewöhnliches Erlebnis zu Siloe geführt oder war es eine Persönlichkeit, die zuerst auf die Idee kam?

Pinsard: Es war an einem Sommertag des Jahres 1965. *Bernard*, Aufreißer einer Striptease-Bar auf Pigalle, war seinen Job Leid. Er sah einen Priester vorbeigehen und wandte sich an ihn: „Bitte, helfen Sie mir, bringen Sie mich unter, ich habe genug von all dem, was ich Tag für Tag an Place Pigalle tue!" Er fügte hinzu, er suche ein Zimmer in einem geistlichen Haus, wo er nachdenken könne und sich sammeln. Da nahm ihn der Priester mit und stellte ihn Francis *Connan* vor, der damals Pfarrer an der Kirche *St. Jean de Montmartre* war, in unmittelbarer Nachbarschaft des *Boulevard de Clichy*. Bernard wurde im Pfarrhaus aufgenommen, half ein wenig bei kleinen täglichen Verrichtungen mit und erzählte seinen Gastgebern aus seinem Leben. Ohne Vater aufgewachsen, verloren, war er eines Tages, wie zunehmend viele junge Männer und Frauen seines Alters, in den Sumpf von Pigalle geraten. Bernard wollte diesem Milieu entkommen. Doch es kamen ihm all jene jungen Leute in den Sinn, deren Lage ähnlich war: ausgegrenzt, elend, von Schwindeleien lebend, Angst und Einsamkeit im Herzen, manche endgültig im Sumpf versinkend. Ihre ihm wohlbekannte, hoffnungslose Lage machte ihm zu schaffen. So stellte er seinen Gesprächspartnern schließlich die Frage, ob man all diesen Menschen nicht einen Platz außerhalb des Elends anbieten könne: eine Art Floß, an dem sie von Zeit zu Zeit Halt finden könnten.

Der Pfarrer und seine Mitarbeiter lernten verstehen, dass ihre seelsorgliche Verantwortung ein weiteres Ausmaß hatte als gedacht, dass sie sich auch auf das Pigalle-Viertel erstreckte.

Bernard hatte von einem kleinen Restaurant gehört, direkt an der *Place Pigalle* gelegen (21, Boulevard de Clichy), das für einen erschwinglichen Preis zu erwerben war. Er kannte die Eigentümerin. Die Idee wurde für gut befunden. Der Pfarrer stimmte sich mit den beiden anderen, an Pigalle angrenzenden Pfarreien ab (La Trinité, Notre Dame de Lorette) und berief eine Reihe von Persönlichkeiten aus der Pfarrei, vom NID[1], von der Caritas. Eine Gesellschaft wurde gegründet, welche die offizielle Verantwortung für den Rahmen dieser besonderen Seelsorgemission (Kauf und Renovation des Restaurants, Geschäftsleitung) tragen und die nötigen Maßnahmen tätigen sollte. Sie erhielt den Namen „Pigalle-Providence". Der Name „Siloe" wurde angeregt von *Pierre Claudel* (Sohn des Dichters Paul Claudel), der erster Vorsitzender der Gesellschaft wurde. „Siloe" erinnert an jenen Teich des Evangeliums, von dem ein Blindgeborener, den Jesus dorthin geschickt hatte, sehend zurückkam. Claudel hatte, als ihm das von Bernard angestoßene Projekt eröffnet wurde, spontan bemerkt: „Dann wird es endlich an diesem ungesunden Ort einen Siloe-Brunnen geben!" Unter diesem Namen[2] erwarb sich dann in der Folgezeit das Restaurant mit seiner Seelsorgsinitiative für das Pigalle-Viertel unter dessen Leuten und darüber hinaus eine außergewöhnliche Reputation.

---

1 Die NID-Bewegung ist eine französische Vereinigung mit „dem Ziel, auf Ursachen und Folgen der Prostitution einzuwirken". Ihr Ursprung liegt in einer Begegnung zwischen dem Priester André-Marie Talvas und der Prostituierten Germaine Campion i.J. 1937.
2 Der volle Name lautete „Pigalle-Providence-Siloé".

Ein Restaurant, zugleich Bar, auf Pigalle, geleitet von der Kirche, hat so etwas vermocht? Ja, denn eine Bar ist – wie überall, zumal in dieser Umgebung – ein natürlicher Ort für Begegnung, Gespräch, Austausch, Orientierung.

Zum Ende des Sommers jenes Jahres 1965 wurde das kleine Restaurant renoviert und in Betrieb genommen unter dem Dach einer S.A.R.L. (haftungsbeschränkten Gesellschaft) für die geschäftlichen Belange.

Ich möchte anfügen, dass diese neuartige sozio-pastorale Initiative namens Siloe ausdrücklich gutgeheißen wurde sowohl vom Kardinal von Paris wie vom Nuntius. Auch sie erkannten: der übliche Seelsorgsbetrieb vergaß die Menschen hinter den glitzernden und trügerischen Fassaden von Pigalle.

Das war ja ganz offensichtlich ein Abenteuer! Um sich auf ein Abenteuer einzulassen, muss aber die Finanzierungsfrage gelöst sein – oder das Abenteuer ist schnell zu Ende!

Vor allem die Caritas (mit ihrem Präsidenten Pierre Claudel), die Sparkasse von Paris (mit einer Anleihe), die Pfarrei St. Jean und die Nuntiatur haben Beträge zum Kauf des Restaurants und seines Warenlagers zugeschossen. Die Equipe des Restaurants bestand anfangs aus dem Priester, einer Nonne (ausgebildete Sozialarbeiterin) und einer Anzahl Freiwilliger. Nach etwa zwei Jahren, als sich die Möglichkeit staatlicher Anerkennung bot, aber auch für die Ausweitung der Kontakte zum Milieu (durch längere abendliche Öffnungszeiten) brauchte man – außer dem Priester – qualifiziertes Personal, neben Koch also Barmann, Kellner, staatlich geprüfte Sozialarbeiterinnen und Sozialarbeiter.

Für die Entlohnung des Personals konnte man auf die Beiträge und Zuwendungen der Mitglieder der Siloe-Vereinigung Pigalle-Providence zählen; später kamen Gelder von Seiten staatlicher Stellen hinzu.[3] Diese erklärten ihre Wertschätzung für diese Art „Sozialarbeit auf den Straßen" und erkannten der Aktion Siloe den Titel „spezialisierte Vorbeugung" zu, nachdem ein ausführlicher Bericht Tätigkeiten und Erfahrungen von Siloe deutlich gemacht hatte. Als geklärt war, dass es, wiewohl von der Kirche ausgehend, sich um eine uneigennützige Tätigkeit handelte, die nicht darauf aus-ging, der Kirche neue Mitglieder zuzuführen, vielmehr einen Beitrag zum öffentlichen und sozialen Wohl zu leisten, das Prinzip der Laizität somit nicht angetastet wurde, erteilten sie Siloe nach einigem Hin und Her den Titel einer Privaten Vereinigung ohne Gewinnstreben – konkret den Titel einer Vereinigung für spezialisierte Vorbeugung – gemäß Gesetz von 1901. Man anerkannte auch deren besonderen und einmaligen Charakter und bewilligte regelmäßige Zuschüsse ohne die Verpflichtung täglicher Rechenschaftsberichte, Mitteilung von Personennamen usw. Man begriff die Bedeutung eines sozialen, auf Individuen bezogenen Einsatzes unter dem Schirm von Anonymität und Vertraulichkeit und machte Siloes staatliche Anerkennung durch Aushang bekannt.
Die Siloe-Vereinigung unter Führung von P. Pinsard erhielt Zuwendungen seitens der Stadt Paris, des Ministeriums für Gesundheit, Jugend und Sport sowie der staatlichen Familienkasse.

---

3   Die Siloe-Vereinigung unter Führung von P. Pinsard erhielt Zuwendungen seitens der Stadt Paris, des Ministeriums für Gesundheit, Jugend und Sport sowie der staatlichen Familienkasse.

Wir haben nun die finanzielle Seite des Projekts geklärt. Doch um es in Gang zu setzen, musste man ja ungewöhnlich fähige Leute haben.

Ein Priester allein, wäre er auch vollendeter Idealist, wäre ja nicht imstande, ein solches Restaurant im erforderlichen Maße zu leiten und in Gang zu halten. Wie also stellte sich Ihre Aufgabe im Rahmen von Siloe dar?

Innerhalb weniger Wochen wurde das Restaurant überholt und eingerichtet im Bestreben, hier eine diskrete, menschliche Gegenwart Christi auf Pigalle zu realisieren. Mit Geduld und sorgfältiger Suche gelang es nach und nach, eine Equipe von Freiwilligen, junge Frauen und Männer, zusammenzustellen: eine Nonne (in Zivilkleidung), Sozialpädagogen und Sozialarbeiter, einen taubstummen, aber ausgezeichneten Koch, alle von mir als verantwortlichem Seelsorger geführt. Man bedenke, dass auch ich als Priester vor einer mir anfangs völlig fremden Aufgabe stand, für die ich nicht im mindesten ausgebildet worden war: zuvor war ich über mehrere Jahre Direktor und Philosophieprofessor am Priesterseminar von Vannes (Bretagne) gewesen. Ich kam als junger Priester nach Paris auf Bitten von Abbé Connan, der sich an meinen Bischof gewandt und um Abstellung eines Priesters gebeten hatte, eines Priesters, der bereit war, die Verantwortung für dieses „Abenteuer" zu übernehmen.[4]

---

4 Abbé *Connan* erkannte wohl, dass die Pigalle-Mission seine Kräfte als Ortspfarrer übersteigen würde, und wandte sich deshalb an den Bischof seiner Heimatdiözese, um einen zusätzlichen Priester speziell für diese Aufgabe in Paris zu erbitten. Aus diesem Grund kam René Pinsard mit 35 Jahren nach Paris und wurde zum „Kneipen-Pfarrer". Sobald das Projekt Siloe am Laufen war, begnügte sich Connan mit summarischen Informationen. Zudem hielt, nach anfänglicher Neugier, die große Mehrheit der Pfarrgemeinde von St. Jean Abstand zu dem ungewohnten Volk von Pigalle. Pinsard erinnert sich an eine fromme Kirchgängerin, die sich bei ihm eines Tages entschuldigte: „Hochwürden, ich kann nicht mehr herkommen, man würde mich für eine von denen halten" ...

Zu diesem Zweck ernannte man mich vorläufig zum Vikar an St. Jean de Montmartre. Doch war ich unmittelbar nach meinem Eintreffen in Paris mit dem Siloe-Projekt befasst. Aber es war klar, dass ich, um die Akzeptanz der Menschen des Pigalle-Viertels zu erreichen, auf den Priesterkragen verzichten musste, zum Zeichen, dass ich nichts anderes sein wollte als ein schlichter, den Leuten zugewandter Menschen-Bruder. Daher trat ich im Restaurant in Zivilkleidung auf, ausgenommen die Messe um Mitternacht, die ich oberhalb der Bar feierte. Es gab nur ein kleines Kreuz, diskret angebracht über der Essensausgabe – dem Eingang gegenüber –, das darauf hinweisen konnte, dass dies ein Restaurant mit christlichem Hintergrund war. An eben dieser Stelle führte eine kleine Privattür in den ersten Stock, zu einem bescheidenen Sprechzimmer und einer winzigen Kapelle, wo ich täglich – unsichtbar für die Straße – die Messe mit einer kleinen Gemeinde feierte. Auf der Straßenseite gab es nichts, kein Schild oder sonst etwas, das dieses Restaurant von den Bars und Restaurants der Umgebung abgehoben hätte. Wir haben diesen neutralen Anstrich gewählt, nicht um das Engagement der Kirche zu verheimlichen, sondern um den Leuten des Milieus den Zutritt zu ermöglichen, die von den Überzeugungen und vom Leben der Kirche ja meistens weit entfernt sind. Erst später verbreitete sich unter den Frauen des Viertels das Gerücht, Siloe sei „die Pfarrer-Kneipe". Man kann nur staunen, wie sehr diese christlich inspirierte Initiative, die so bescheiden und anonym auftrat, Wertschätzung bei den Leuten des Viertels fand, sogar bei anderen Betreibern und deren Angestellten, so dass sie sogar Jugendliche mit Problemen, auch junge Prostituierte zu uns schickten, damit Siloe sich um sie kümmere.

Die bloße Tatsache, dass sich ein Priester persönlich für das Wohl der Menschen von Pigalle einsetzte, sprach sich schnell in anderen Stadtteilen herum, und aus Neugier kamen etliche herüber, um sich mit eigenen Augen davon zu überzeugen. Erst Jahre später haben sich auch Journalisten für dieses Projekt, seine Methoden und Erfahrungen interessiert. In der Folge erschienen etliche Artikel in französischen und ausländischen Zeitungen.[5] Sogar das monatlich in vielen Ländern erscheinende „Reader`s Digest" brachte einmal einen Artikel über Siloe, und die weltweite Verbreitung sorgte auch in überseeischen Ländern für Aufmerksamkeit, zumal bei Frauen und Männern, die gleichfalls auf den Gebieten Erziehung und soziale Vorbeugung arbeiteten. Sie wandten sich an uns, um mehr über Tätigkeit und Erfahrungen von Siloe zu hören.

Die bürgerliche ebenso wie die erzkonservative Mentalität stellt an so ein Projekt gern die Frage, wie denn – angesichts von Priestermangel und Rückgang der Kirchen(steuer-)beiträge – die Verantwortlichen der Kirche einen so aufwendigen Einsatz für Leute rechtfertigen, die alle Welt als verloren und „kaputt" ansieht, für die groß sich einzusetzen nichts bringe (ein „Fass ohne Boden"). Wie antwortet man solchen Stimmen?

5   Pfarrer *Connan*, wiewohl kaum involviert in die Tätigkeit von Siloe, glaubte, die Aufmerksamkeit des breiten Publikums könne dem Projekt nützen. Doch zeigte sich, dass die gesteigerte öffentliche Neugier zwiespältige Wirkungen hervorbrachte, die einer pastoralen Aktion, die von Diskretion, Anonymität, Vertraulichkeit und Schutz der Privatsphäre abhängt, eher schadeten. So kam es in den ersten Jahren der Aktion Siloe unter den Verantwortlichen begreiflicherweise zu tiefgehenden Unstimmigkeiten, bis die Erzdiözese i.J. 1969 die Zuständigkeiten neu ordnete.

Nun, eine beträchtliche Anzahl der Menschen, die in diesem Milieu leben, arbeiten oder umherstreifen, ist im Kindesalter getauft worden. Es sind oft Menschen, die ein anderes Leben und einen Sinn für ihr Leben suchen. Man sieht sie auch von Zeit zu Zeit eine Kirche betreten, eine Kerze entzünden und ein paar zaghafte Gebetsworte stammeln. Die Menschheit des Milieus des „Lasters" (wie oberflächliche Moralisten sagen), verachtet von der bürgerlichen Gesellschaft (die seiner dennoch bedarf, um die ungelösten Probleme ihrer sozialen und menschlichen Strukturen zu kaschieren und abzufedern), lebt und ersteht vor unseren Augen. Stets begegnet der Christ auf seinem Weg Menschen, die Hilfe brauchen und an sein Herz appellieren. Denken wir nur an das Beispiel des biblischen Samariters. An seinem Weg nimmt er das Elend des ausgeplünderten, für halbtot liegengelassenen Mannes wahr. Von Mitleid bewegt, beugt er sich über ihn. Auch der Christ unserer Tage darf nicht auf die andere Straßenseite wechseln und ungerührt seinen Weg fortsetzen, wie Priester und Levit im Gleichnis. Auch er ist berufen, sich von Erbarmen bewegen zu lassen, Mut zu fassen und sich dem „verlorenen" Menschen zu nähern, um zu sehen, was er für dessen Wunden tun kann, die ihm häufig die allgemeine Gleichgültigkeit zufügt, und wie er ihm helfen kann, sich aufzurichten und zur vollen Gottebenbildlichkeit zu gelangen. Das heißt, Christus auf den Straßen der Stadt nachzufolgen. Im Gleichnis vom Barmherzigen Samariter lässt Christus seine eigene Zuwendung zu den Hilfsbedürftigen durchscheinen. Sieht die Überlieferung der Kirche in der Ehebrecherin oder in der zu Jesu Füßen weinenden Sünderin nicht Magdalena, eine Prostituierte?

Erklärt nicht Jesus selbst damaligen Gesetzesvertretern, Zöllner und Dirnen würden vor ihnen ins Himmelreich kommen (Mt 21,31)?!

Halten wir uns an das Evangelium, ist es Christus selbst, der durch Siloe sich am Rande der *Place Pigalle* niederließ und sich den Menschen im Elend zuwandte.

Sein Tabernakel bestand nicht bloß in jenem kleinen Kästchen hinten in der winzigen Kapelle über der Bar, wo er verborgen auf Pigalle gegenwärtig war. Sein Tabernakel war auch die Equipe, die das Restaurant führte, die eine schlichte Offenheit für jedermann lebte, zumal für jene, die blind eintrafen und sehend werden wollten im Blick auf ihr gegenwärtiges und künftiges Leben. Christus hört nicht auf, seine Jünger hinaus an die Kreuzungen zu schicken, um Schlechte wie Gute zu finden und herbeizuholen (s. Mt 22,9-10).

Einer seiner unbewussten Jünger war Roger, ein Clochard. Er, der das Restaurant oft aufsuchte, um den Priester zu kontaktieren, traf eines Tages auf dem Boulevard eine alte, blinde (!) Dame auf der Suche nach dem „Restaurant Christi". „Hier ist es, Madame!", sagte er und geleitete sie bis zur Tür.

Barmann und Kellner in diesem Restaurant servierten ganz normal Getränke und Mahlzeiten, doch servierten sie noch etwas anderes, das bei den Menus nicht angegeben war noch auf der Rechnung auftauchte. Es war so etwas wie die ´Gabe des Hauses` an sie oder ihn. Das meint: Man hat nicht nur Kunden bedient, sondern den Nächsten! Zudem bemühte man sich um Menschen, die zur hilflosen Beute zu werden drohten, die dabei waren, im materiellen und moralischen Sumpf zu versinken, die allein waren in dieser bevölkerten Wildnis namens Pigalle.

Ihre letzte Bemerkung, Père Pinsard, bringt uns zu einer weiteren Frage, nämlich was die Art der Menschen des Viertels ist, an die sich Ihre Mission richtete: Worin unterscheiden sie sich von den Leuten, mit denen es der Pfarrer einer sogenannten normalen Pfarrei zu tun bekommt?

Ja nun, was sind das für Leute, wenn man ihnen nahe kommt, die Leute des Viertels? Pigalle ist ja zunächst ein berühmtes Viertel, weltbekannt, ein Viertel mit Kneipen, Bars, Nachtlokalen, von Licht durchflossen, ein Viertel, wo scheinbar alle Tage Festtag ist. Doch es gibt die Kehrseite des Festschmucks, der hell leuchtenden Fassaden, der Jagd nach Geld und Vergnügen. Für viele aber ist Pigalle ein Milieu des Elends, der Niedergeschlagenheit, eine Anhäufung aller möglicher 'Ausgeflippter'. Ihre Existenz hat zur Gründung von Siloe bewogen. Wir sprechen von denen, die beruflich auf dem Boulevard zuhause sind, die von der Prostitution und von davon abhängigen Berufen leben: Männliche und weibliche Prostituierte, Transvestiten, Zuhälter, Inhaber von Kneipen für Glücksspiel, Striptease, Sexshops, Schlepper jeglicher Hautfarbe, Verkäufer von Drogen. Es sind junge Leute, junge Erwachsene, im Viertel geboren oder Zugereiste, die, kaum angekommen, bemüht sind, sich durchzuschlagen und jede Gelegenheit ergreifen: Taschendieberei, aggressive Handlungen, Sachzerstörung, Gelegenheitsprostitution, Schiebereien aller Art. Es kommen fast täglich junge Leute im Viertel an – Strafentlassene, Entsprungene aus Kliniken (oft aus der Psychiatrie), von Zuhause oder aus Heimen, junge Leute vom Land in der Hoffnung, in Paris Arbeit zu finden, Nordafrikaner, illegal in Frankreich eingereist, in ständiger Angst vor Abschiebung.

Es gibt aber auch Abenteurer, die eine wohlgeordnete Situation oder feste Arbeitsstelle aufgaben und neugierig, ja leichtsinnig auf Pigalle erscheinen, um das Leben von hinten oder von unten kennenzulernen. Alle suchen sie eine andere Welt mit anderen Lebensformen, wo man ´geschützt` wäre, ein Leben im Verborgenen oder in Verkleidung führen könnte: ein ganz neues, anderes Leben.

Doch mussten wir dieses Bild im Laufe der Zeit ergänzen. Wir stellten fest – in den Jahren zwischen 1970 und 1980 –, dass eine Veränderung, eine Wandlung eintrat, die auch das Viertel ergriff. Schon 1965/66 – man wird sich wohl erinnern – war die Mode intersexuell geworden, so dass Männer und Frauen sich einander annäherten: in Bewegung, Gesten, Kleidung, Haartracht usw. Das ging so weit, dass man auf den Gehsteigen die beiden Geschlechter manchmal nicht mehr unterscheiden konnte. Doch hinter diesem Trend, die Geschlechter durch Verweiblichung des Erscheinungsbildes einander anzunähern, verbarg sich – unter anderem – vermutlich ein tieferes Problem: der Transsexualismus, der sich auch auf Pigalle ausbreitete. Ich spreche von der zunehmenden Prostitution junger Männer. Es handelte sich da häufig um junge Männer, die das Geschlecht gewechselt hatten, entweder mit Hilfe von Hormongaben oder mittels Operation. Obwohl als männliche Wesen geboren, entschlossen sich manche, das Geschlecht zu wechseln, weil sie sich mehr und mehr als Frauen fühlten, was sie in wachsenden Konflikt mit den Erwartungen ihrer Umwelt und der Gesellschaft brachte. Die Gesellschaft hat große Mühe, Personen zu akzeptieren, die im Erwachsenenalter das Geschlecht wechseln.

Dies führt nicht selten dazu, dass solche Personen sich in vermehrtem Maße ausgegrenzt fühlen, bis ein Punkt erreicht ist, wo sie das Gefühl haben, sie seien dazu bestimmt, ein Leben im Abseits zu führen und ihren Unterhalt in einer Ausnahme-Welt wie z.B. Pigalle zu verdienen. Eine wachsende Anzahl dieser Personen besuchte auch unser Restaurant. Dabei wollten sie meist nichts anderes als willkommen sein in einer vorurteilsfreien Atmosphäre, wo ihre Lebensgeschichte, ihre Persönlichkeit respektiert wurde.

Diese ergänzenden Hinweise geben vielleicht einen vollständigeren, differenzierteren Eindruck von der Verschiedenartigkeit der Anforderungen und Probleme, vor die unsere Präsenz auf Pigalle gestellt war.

Allerdings entdecken die Menschen, die ins Räderwerk des „Pigalle-Betriebs" geraten, oft nach relativ kurzer Zeit, dass Pigalle eine Illusion ist, ein schlechter Traum. Angezogen vom Namen wie Schmetterlinge vom Licht – vom Anschein permanenter Festatmosphäre, pausenloser Spektakel und nicht abreißender Vergnügungen –, finden sie sich am Boden wieder mit versengten, ja gebrochenen Flügeln. Man muss stark sein, um sich in einem solchen Viertel zu behaupten, denn es regiert das Gesetz des Dschungels. Wohl kann es zunächst scheinen, als habe man Erfolg, wenn man mehr Glück hat als andere oder weniger Hemmungen: Zuhälter, junge Dirnen, Inhaber von Bars oder Nachtklubs. Andere, weniger Begünstigte, Schwächere versinken langsam aber sicher in diesem Sumpf. Das ist dann Prostitution auf unterem Niveau, Rauschgift, Alkoholismus, Hausen auf der Straße. Junge Leute sinken dann sehr rasch herunter auf die Stufe der Bettelei, da sie weder Arbeit noch Geld noch Unterkunft noch Beziehungen haben.

Sie fühlen sich unterlegen, ausgeschlossen, oftmals aus den Cafés des Viertels verwiesen; leben in der Furcht vor dem nächsten Tag, vor dem Zuhälter oder „Chef", die sie ausnehmen, vor der Polizei, die ihnen nachstellt. Diese Armen tragen in sich das tief wurzelnde Gefühl, minderwertig zu sein, gar nicht zu existieren in den Augen derer, die etwas „gelten". Sie wissen buchstäblich nicht, was aus ihrem Leben werden soll und wer sie sind. Da ihnen oft vom frühesten Alter an die elterlich-familiäre Zuwendung abgeht, man sie stattdessen bei diversen Pflegeeltern, dann in speziellen Heimen untergebracht hat, erfahren sie sich im Innersten verwundet, ja gebrochen. Von Pigalle fühlen sie sich niedergewalzt, sehen aber keine Alternative; sind zu schwach, um einen auf eigene Stärke gegründeten Entschluss zu fassen. Obwohl Pigalle ihnen zuwider ist, bleiben sie da – sind sie ja wenigstens körperlich in Kontakt mit der Menge, dem Lichtermeer, den Kameraden, mit denen sie Gram und Suizidgedanken teilen. Bei den Schwächsten ist der Bildungsgrad so niedrig, berufliches Rüstzeug so unfertig, die Psyche so heruntergekommen und instabil, dass sie ohne fremde Hilfe nicht dazu kommen, ihr weiteres Leben auf solidem Fundament zu planen.

Père, Sie haben nun Art und Probleme der Menschen des Pigalle-Viertels allgemein, aber auch eindringlich geschildert. Doch hat ein Außenstehender nicht genug Phantasie, sich vorzustellen, welch menschlichen und seelsorglichen Beitrag (von Heilung gar nicht zu sprechen) ein Unternehmen wie Siloe für die Menschen leisten konnte, wie Sie sie beschreiben!

Es ist in der Tat schwierig, ja unmöglich abzuschätzen oder zu ermessen, was Siloe und unser Einsatz ihnen hat bringen können, wenn man den normalen Maßstab von Gewinn, Wert und Norm anlegt. Daher ist auch jede Art 'Erfolgsrechnung` für Siloe untauglich. Gewiss, in zahlreichen Fällen konnten wir auf die eine oder andere Weise helfen – ob es um die Rückkehr zur Familie ging, Ausstieg aus dem Milieu, Finden einer Arbeitsgelegenheit. Diese Art Erfolg war in der „Siloe"-Vision erhofft und in den Statuten vorgesehen. Doch wäre es verkehrt anzunehmen, Siloe habe in der Hauptsache und planmäßig an der Rückgewinnung von Frauen und Männern für die bürgerliche Gesellschaft gearbeitet. Nicht nur haben wir die Freiheit und den Willen jener Personen geachtet, mit denen wir es zu tun bekamen; wir haben auch Vermögen und Grenzen der Leute respektiert, die eine komplexe und komplizierte Lebensgeschichte in sich trugen. Dieser Punkt hat besondere Bedeutung. Uns war aufgegeben, jeden Anschein zu vermeiden, als wollten wir diese Personen drängen, etwa auf einen bestimmten Weg, der in der gegebenen Situation nicht – oder noch nicht – der ihre war. Es war geradezu Teil unserer Berufung, uns so viel wie möglich jeder Art psychischer oder moralischer Nötigung zu enthalten.

Dass wir entschlossen und gewissenhaft jedweden Druck auf die Klienten vermieden, die uns Vertrauen schenkten, wirkte wohltuend auf sie, und sie bekundeten es in rührenden Worten. Diese Einstellung entspricht übrigens bestmöglich dem Beispiel, das uns Christus persönlich gegeben hat: die Menschen zu achten von Grund auf, sie anzunehmen in ihrer Lebenslage, nicht mit moralischer Messlatte über sie zu urteilen, sie vielmehr mit allem Respekt einladen, sich neu zu entdecken und zu orientieren, wenn sie es möchten und sich dazu in der Lage sehen.

Um das Ganze anschaulicher werden zu lassen, mache ich Sie mit dem Wortlaut authentischer Zeugnisse bekannt, die von Klienten stammen, die uns aufgesucht – manche auch nur gelegentlich besucht – und sich schriftlich geäußert haben.

Eine junge Frau namens Sabrina[1] wandte sich unter Datum vom 10. Juni 1967 per Brief an mich:

„Ich bin selbst zwölf Jahre lang auf den Strich gegangen. Nie wurde mir eine Hand hingehalten, im Gegenteil, für viele bin ich immer noch eine Hure, obwohl ich mich bemüht habe, auszusteigen. Warum müssen die ordentlichen Leute uns immer verurteilen? Was hätten sie an unserer Stelle getan, diese Leute, die Gebete sprechen? Einige amüsierten sich abends mit uns, und wir mussten ihren Launen willfahren. Sonst gab es Schläge ... Ich bin jetzt 33 Jahre alt, doch bin ich älter, so sehr habe ich gelitten ... Ich bin am Rand des V. (arrondissement) geboren, in einem Dreckloch. Mein Vater arbeitete nicht, er soff, stahl und schlug meine Mutter und mich. Er musste oft ins Gefängnis. Als ich sieben war, erhängte sich meine Mutter. Ich war allein und hatte dann mehrere ´Mamas`.

---

1 Die Namen der Personen, die Siloe kontaktierten, sind zur Wahrung von Anonymität und Diskretion verändert.

24

Mit zehn wurde ich abgerichtet: mein Vater (ich verzeihe ihm) brachte alte Herren bei, und ich erlernte mein künftiges Metier. Es war im übrigen mein Vater, der mir beigebracht hatte, was zu tun war. Ich schäme mich, es Ihnen zu sagen, aber was war das Leben für mich? Ausgenommen die Schule, wusste ich nichts anderes als dass Geld ins Haus musste. Verurteile mich nicht: wenn du Schläge mit dem Riemen bekommen hättest, du hättest wer weiß was getan. Mit fünfzehn Jahren bekam ich einen Sohn. Ich brauchte Geld. Weil ich sonst nichts konnte, habe ich dieses Metier ´offiziell` ausgeübt und hatte einen Beschützer. Dieser gemeine Kerl, mit ihm hatte ich harte Zeiten. Ich musste 5 Klienten pro Abend schaffen. Ich war kaputt. 1961 wurde ich bei einer Razzia festgenommen, ausgelöst wegen Diebstahl an einem Juwelier. Da ich Komplize war – das stimmt –, wurde ich für sechs Monate ins Loch gesteckt, mein Bub zur Fürsorge. Als ich wieder herauskam ... ich wollte dieses Leben nicht mehr; doch dieses Leben, du bleibst dabei trotz allem. Stets hast du diese Versuchung, auf leichte Art zu Geld zu kommen. ... Ist es unsere Schuld, dass wir unter einem Unstern geboren werden? ... Es ist ganz schwer zu wechseln, und man darf denen, die rückfällig werden, keine Vorhaltungen machen ... Ich selbst, ich bin mehrmals rückfällig geworden, ehe ich zu Verstand kam. Weißt du, dass man sich an Schläge gewöhnt und daran, seinen Körper herzugeben, auch wenn du unfrei bist?
Wenn ich Ihnen geschrieben habe wie einem Bruder, so deshalb, weil ich mich allein fühle. Die Personen, die mich umgeben, sind ordentliche Leute, sie haben keine schwere Jugend gehabt. Sie hatten eine Mutter und einen Vater, die sie liebhatten, sie lebten in einem Haus, sie hatten es warm und satt ... ich bin noch nicht völlig frei, denn ich habe manchmal noch Lust, mit Männern zu gehen. Das bringt mich von mir weg, und es fällt schwer, anständig zu bleiben ... es kommt vor, dass ich mich nach ihren Zärtlichkeiten und ihrer Grobheit sehne ...

Die Rückfälle sind riskant. Versteh` diejenigen, die dir alles versprechen und die dann rückfällig werden. Sei gut zu ihnen ...!"

Dieses ebenso persönliche wie typische Zeugnis bringt die gewöhnlichen Lebensumstände vieler Menschen des Pigalle-Viertels sehr gut auf den Punkt – die Lebensumstände der Menschen, die Siloe erreichen wollte und um derentwillen es die Präsenz im Viertel selbst angestrebt hatte. Dieses Zeugnis umschreibt indirekt auch gut die Anforderungen, die an das Personal des Siloe-Restaurants gestellt waren, angefangen vom aufmerksamen und respektvollen Empfang. Die Statuten von Siloe hatten als seine hauptsächliche Ausrichtung die Menschen des Milieus festgelegt:
„Alle Personen des Pigalle-Viertels, die sich in physischer oder moralischer Notlage befinden, aufnehmen und ihnen beistehen, unabhängig von Alter, Geschlecht, Nationalität oder Religionszugehörigkeit ... mit besonderer Aufmerksamkeit die jungen Menschen; ihnen eine menschliche Bildung angedeihen lassen".
Im öffentlichen Rahmen kam der Association Siloe also auch eine erzieherische Zielsetzung zu, besonders im Hinblick auf die Jugend. Eben darum, wegen seiner ausgeprägt vorbeugenden Zielsetzung, errang Siloe, wie erinnerlich, auch die Anerkennung staatlicher Stellen.
Abgesehen von dieser amtlichen Blickrichtung, nämlich auf seelsorglicher Ebene bestand seine Tätigkeit darin, zu den jungen Leuten eine persönliche, nicht-institutionelle, vertraulich-freundschaftliche und selbstlose Beziehung aufzubauen; sie hatte zum Ziel, den jungen Menschen zu befähigen, sich selbst anzunehmen und, wenn er es wollte, ihm Gelegenheit zu geben, sich in die Gesellschaft, auch in die Welt der bezahlten Arbeit einzufügen.

Doch hatte das Engagement von Siloe nichts Exklusives, war offen für alle, die auf Pigalle ein erbärmliches Leben führten, war bereit, ihnen respektvoll, vertraulich und freundschaftlich zu begegnen. Es ist eben diese ganz auf die individuellen Bedürfnisse eingehende Begegnung, welche diese ratlosen Menschen brauchen – sie wollen elementar zu sich finden, neu geboren werden, endlich etwas „sein", denn sie krepieren förmlich an Einsamkeit, Gleichgültigkeit, Zurückstoßung, Verachtung von Seiten der ´ordentlichen` Gesellschaft. Doch niemand aus der Equipe wollte seinen guten Willen jemandem aufdrängen; man begnügte sich damit, Tag für Tag ein offenes Wohlwollen zu leben. Das Restaurant war Dienstag bis Samstag geöffnet, von 12 Uhr bis 23 Uhr. Die Sozialpädagogen beteiligten sich am Service, ob im Restaurant oder an der Bar. So waren sie auf natürliche Weise anwesend und stützten ihre Tätigkeit auf natürlichen Kontakt. So kamen sie schon auf einfache Weise in Berührung mit den Klienten und zeigten ihr Wohlwollen. Tatsächlich geschah der erste Kontakt mit der Klientel gewöhnlich schon beim Eintreten; sie sah sich aufmerksam, freundschaftlich begrüßt, im Gegensatz zu der kaum kaschierten Interesselosigkeit in so vielen anderen Etablissements. Die aufmerksame Wahrnehmung, die die Equipe jedem Eintretenden erwies, war gleichsam das erste Wort des Gesprächs, des Dialogs, der sich häufig an den Empfang anschloss. Das erste gelebte ´Wort` löste der oder dem Eintretenden oft die Zunge, machte Mut, sich mitzuteilen. Das Personal musste also, wenn es die Eintretenden willkommen hieß, ein Auge haben für das Suchen, das ihr Gebaren ahnen ließ. Doch musste man gefasst sein, dass man zuerst eine erfundene Geschichte zu hören bekam – ein Test, um festzustellen, wie offen der Mensch war, den man gerade anfing kennenzulernen.

Hatte er bestanden, war sein Wohlwollen unerschüttert, regierte statt Widerwillen die Toleranz, konnte jemand seine wahre Geschichte gefahrlos erzählen. Nun erst kam ein wirklicher Dialog Klient(in) – Erzieher/Erzieherin/ Priester zustande. Der Ankömmling enthüllte etwa, dass er nichts zu essen hatte oder keine Unterkunft. In solchen Fällen war Abhilfe leicht möglich. Er bekam zu essen – schließlich führte man ein reguläres Restaurant –, verzichtete aber auf Bezahlung. Seit 1974/75 konnten wir ihm auch ein Gratis-Quartier besorgen, allerdings für begrenzte Zeit (höchstens 2-3 Wochen). War die fragliche Person nur auf der Durchreise, gleichzeitig aber bereit, ernsthaft über die nächsten Schritte nachzudenken, prüfte man mit ihr zusammen die Möglichkeiten: Heimreise, Arbeitssuche, berufliche Aus- oder Weiterbildung, vielleicht auch eine überlegte Auszeit. Für die Personen, die mit dem Priester oder jemand von den pädagogischen Mitarbeitern ins Gespräch kamen, war es übrigens wichtig, selber zu sehen, dass die Gesprächspartner eigenhändig an der Bedienung der Kundschaft mitwirkten, dass sie im Dienste aller standen, die Klienten inbegriffen. Auch diese mussten etwas respektieren: den Zeitplan der Arbeit des Gegenübers und den Rahmen seiner Verfügbarkeit für Gespräche. Der Rahmen zeigte dem Klienten: „Ich bin da für dich, du weißt es. Wir können bald miteinander reden, aber im Moment bin ich nicht verfügbar; die Arbeit im Restaurant nimmt mich in Anspruch auch für die anderen und ihre Bedürfnisse"!

Das sind erhellende Informationen über die Begegnun-
gen zwischen Menschen des Milieus und dem Personal
von Siloe, das – für die Leute des Viertels – ja von außen
kam, aus einer anderen Welt. Könnten Sie, Père Pinsard,
diesen Bericht noch vertiefen, was psychologische Anfor-
derungen und Aufgaben für jemanden betrifft, der den
Frauen und Männern des Milieus ohne Vorbedingung
begegnen will?

Die Menschen, die das Restaurant in der Absicht
betraten, einen persönlichen Kontakt anzuknüpfen,
behielten ihn von sich aus bei, manchmal sogar jahrelang,
durch Besuche, Telefon oder Brief. Ihnen war es wichtig,
dass man sie mit Vornamen nannte (Pierre, Jacques,
Liliane oder Jeannette ...), man sie so als menschliche
Individuen ernst nahm, sie nicht als Drogensüchtige,
Rocker, Strafentlassene, Prostitutierte sah und etikettierte,
Bezeichnungen, die der ′guten‵ Gesellschaft zur
Ausgrenzung dienen. Wenn man ihnen so begegnete,
spürten sie, dass sie auf dem Weg vom „Typ" zu einer
Person waren.
Selbst dann, wenn sich manche gewalttätig benahmen,
forderten sie damit ihr tiefes, frustriertes Bedürfnis ein:
Ich will nicht ein Nichts sein, eine Null, ein Außenseiter,
ganz im Gegenteil, ich will sein wie du, geachtet,
wertgeschätzt ...
Danach sehnt sich im Grunde auch die große Mehrzahl
der Frauen auf dem Strich, die sich schließlich an unsere
Equipe gewandt hatten. Sie verkaufen sich für wenig
Geld – die Höhe hängt vom Markt ab; die Kunden
bedienen sich ihres Körpers, ihres Sex, um ein kurzes
Abenteuer zu bekommen; in Wirklichkeit aber verachten
sie sie und behandeln sie kühl, distanziert, sie
verdinglichen sie sozusagen.

Darum hat der bloß sexuelle Kontakt mit einem zahlenden Kunden etwas Erniedrigendes für eine Frau. Gewiss braucht sie Geld, weil sie sich in einer materiellen Notlage befindet, doch hat sie gleichzeitig eine lebhafte, elementare Sehnsucht danach, angenommen und anerkannt zu werden als Person, die einen Wert und eine Würde besitzt wie jeder andere Mensch. Weil diese tiefe und vitale Sehnsucht ignoriert und unerfüllt bleibt in ihren rein sexuellen – wenngleich entlohnten – Kontakten, spürt sie in ihrer Bedürftigkeit als Mensch unausgesetzt Hunger nach Geachtetwerden als Person. Die respektvolle und selbstlose Kommunikation, wie sie die Mitglieder von Siloe praktizierten, rührte sie im Tiefsten ihrer Seele an. Die ersten wohltuenden Eindrücke für die Menschen von Pigalle, wenn sie das Restaurant betraten, waren die Ruhe, die für jedermann offene Atmosphäre, die Freiheit, das Gefühl von Sicherheit und Vertraulichkeit, das völlige Fehlen von Zwang oder Druck, von Denunziantentum und Moralpredigt. Man fühle sich wie zuhause, so war häufig zu hören.

Der Brief einer Besucherin, einer gebildeten, nachdenklichen Frau namens Monique, schildert nach einem zweimaligen Besuch ihre Gefühle:

„Es gibt Prostituierte und Prostituierte. Ich gehe nicht auf den Strich. Ich verkehre nicht in den Kneipen. Doch ich lasse – und ließ – Männer, ihrer selbst überdrüssige, eine kurze Tröstung suchende Männer in meinem Bett stranden. Ich weiß, das ist keine Lösung ... Ich spreche also aus Sicht der Jauchegrube, wie das gewisse ´recht denkende` Leute nennen. Die Menschen, die nach Pigalle kommen, sind mir nicht fremd ...“

Von ihrem ersten Besuch im Restaurant „Siloe" kam Monique verwirrt, enttäuscht zurück, mit schwerem Herzen. Spontan bemächtigte sich ihrer ein Gefühl von Trauer, der Priester und seine Equipe seien dabei, eine Chance zu verpassen, eine wunderbare Idee zu verraten: die Idee, einfach, bedingungslos da zu sein für verlassene und verstoßene Menschen; stattdessen wollten sie mit Hilfe eines „guten Werkes" Reklame für die Kirche machen. Nach einigem Nachdenken, anlässlich eines zweiten Besuches änderte sie jedoch ihre Meinung:

„An einen Ort zu gehen und da immer einen Kerl anzutreffen, den gleichen, sitzend vor einem Mädchen X, Y oder Z, die Gauloise in der Hand, ein Glas Rotwein vor sich, das ist die Sicherheit einer Präsenz. Zu wissen, dass da, Nr. 21 Bd de Clichy, eine offene Tür ist, ein Zu-Hause für solche, die keines haben, ein Herz zum Zuhören ... Die Art und Weise halte ich für eine wundervolle Idee. Ich bin ganz widerwillig hingegangen und zurückgekommen mit der Gewissheit, dass es solche Orte geben muss ... Die Sicherheit, dass da jemand ist, eine Präsenz, die eine Gegenwart im Schweigen ist, das ist es, was wir brauchen, wir Prostituierte ... Wir haben es nicht nötig, dass Sie mit uns über etwas anderes sprechen als über den Menschen, der wir werden könnten. Ich will nicht im Namen Jesu ein Geschöpf Gottes werden, sondern in meinem eigenen Namen. Ich heiße Monique, nicht Jesus. Ich glaube nicht, dass ich die einzige in der Welt bin, die Prostituierte geworden ist wegen dem Gott, den man mir vermittelt hat ... Ich möchte, dass eine Frau von Pigalle ihre Würde zurückbekommt, nicht um Gottes willen, sondern um ihrer selbst willen ... Die Sakramente? Die Kapelle? Ja, vielleicht. Später. Nicht Sie werden uns dort hinbringen. Wir werden selber hingehen, wenn Ihre Präsenz als Mensch es uns nahelegt ... Er hat gesagt: ʹIch bin gekommen, dass sie das Leben haben, und dass sie es in Fülle habenʹ! Und uns hat man erzählt von Kreuz, von Opfern, von Leiden usw ...

Ich war hungrig nach Liebe. Sie sind hungrig nach Liebe. Auch nach Zaster, nach leichtem Leben? Klar. Doch mit 20 Jahren hungert ein Mensch vor allem nach Liebe. Gebt ihnen eine Präsenz, Aufmerksamkeit, auf die sie sich verlassen können, offene Arme, einen Ort, wo sie hingehen können, ehe sie einen Blödsinn anstellen, und sie werden nicht auf den Strich gehen. Verzeihen Sie meine Sprache! Es ist der Aufschrei meines Herzens. Ich habe zu viele gekannt, die ´wie ich` waren, denen man alles hätte ersparen können ... Ich, Prostituierte, ich bitte Sie nicht um den Lieben Gott. Ich bitte Sie um ein schweigendes Zeugnis von dem, was Sie leben lässt ... Ich möchte von Ihnen rehabilitiert werden in den Augen der Menschen, nicht in den Augen Gottes. Er, er weiß Bescheid. Vor Ihm fürchte ich mich nicht. Nicht Er hat mich zur Prostituierten gemacht – das war ich selbst und die Menschen. Warum wollen Sie zu mir von Gott sprechen?

... Wenn Sie mich angehört haben, mir eine Arbeitsmöglichkeit verschafft, eine Unterkunft, wirkliche Freunde, wenn Sie mich zu einem menschlichen Wesen gemacht haben, wenn Sie aus mir etwas anderes gemacht haben als ein Frauchen, eine Hündin, eine Hure zu Diensten, dann Gott ... Ja ... Ich werde ganz von selbst zu Ihm gehen, ohne Ihre Hilfestellung, weil Sie Ihn gelebt haben als Menschen ... wie Christus ... Apostolat heißt nicht Gott geben, es heißt sich selber geben, mehr noch, sich nehmen lassen".

Dieser Auszug aus einem denkwürdigen Brief, von einer feinfühligen Person verfasst, veranschaulicht: die diskrete, geduldig-respektvolle Anwesenheit der Siloe-Equipe war durchaus geschätzt von den Verlorenen des Milieus, sie erlebten dort einen Bezugspunkt, einen sicheren Hafen, eine Oase, wo man aufatmen konnte, ja, wenn man darauf aus war, Mut fassen, sich neu zu orientieren.

In dieser Umgebung, wo man sich frei fühlte und geduldige Zuhörer fand, konnte man schon etwas ältere Frauen sehen, verletzt in der Seele, sehr zurückhaltend; sie kamen immer wieder ins Restaurant, brauchten aber lange, oft Monate oder länger, bis sie sich trauten, sich auszusprechen und sich jemandem anzuvertrauen.

Ich gebe Ihnen ein Beispiel: Ich denke an eine Frau von fünfunddreißig Jahren, die das Restaurant lange Zeit frequentierte, scheinbar ohne das Bedürfnis, sich mitzuteilen.

Nachdem sie jeden Abend oben gesessen hatte, auf den hohen Hockern einer Bar, kam sie auf den Straßenstrich. Sie wurde älter – und heruntergestuft. An einem Nachmittag kam sie zu Siloe, ganz verängstigt. Sie hatte getrunken. Ich habe sie beruhigt. Sie erwiderte: Herr Pfarrer, wann führen Sie mich ins Gotteshaus? Ich sagte zu ihr: Sogleich, wenn Sie wollen! Wir sind nach oben gegangen, ich öffnete ihr die Tür zur kleinen Kapelle. Alsbald löste sie den dicken Lederriemen mit einer Löwenkopf-Schnalle. Ah, erklärte sie mir, damit will ich nicht ins Gotteshaus treten! Ich blieb zurück und hörte sie schluchzen: „Mein Gott, ich bin bloß eine Prostituierte. O Gott, ich tu nichts als trinken, ich tu nichts als mich berauschen, ich kann nur lügen, kann nur stehlen". Als ich die Kapelle betrat, saß sie da und hielt eine kleine Statue der heiligen Bernadette in Händen. Zu Bernadette hin sagte sie: „Du, ich weiß, wer du bist. Du, du bist die Tochter eines Armen. Du, du verstehst mich. Du verurteilst mich nicht, du verstößt mich nicht. Du, du weißt, wer ich bin. Du weißt, das ich trinke, weißt, dass ich lüge, du weißt, dass ich stehle, dass ich drogen- abhängig bin, du weißt, dass ich mich verkaufe, aber du nimmst mich an, wie ich bin!"

Da sehen Sie, was eigentlich alle Frauen und Männer des Viertels suchen, wie übrigens jedes menschliche Wesen: sie möchten als sie selber akzeptiert werden, weil man ihnen nur so helfen kann, die zu werden, die sie sein können!

An diesem Punkt werden gewisse Leute nicht an sich halten können: Eine Mission, die christlich sein will – und Siloe wollte es doch sein –, muss sie nicht als erstes Ziel haben, Leute, die über die Schwelle treten, zum Glauben hinzuführen oder zurückzuführen, zu religiöser Praxis, zum Bußsakrament? Muss sie nicht die Seele retten vor dem Körper?

Nein. Dieser Zielsetzung den Vorrang geben hätte das ganze Projekt auffliegen lassen. Die allererste Gnadengabe (religiös gesprochen), welche die Menschen des Viertels brauchten, war stets der aufrichtige Respekt: sie waren zu respektieren so, wie sie waren, so, wie sie geworden waren. Ob diese Leute früher irgendeine religiöse Sozialisation erhalten hatten oder nicht, ihre elementare Sehnsucht war stets auf das gerichtet, was Jesus selbst gegeben, vermittelt hatte – vorrangig den Armseligen auf seinem Weg: Er akzeptierte sie als solche und sprach ihnen damit einen Wert, eine Würde als Menschen zu, die ihnen bis dahin von ´den anderen` bestritten worden war. Die Mitarbeiter von Siloe bemühten sich, Christus auf eben diesem Weg zu folgen, das heißt, die Liebe des Herrn durchscheinen zu lassen durch ihre für jedermann offene Bereitschaft, ihre Diskretion, Freundschaft und selbstlose Güte. Das sind vorrangige Voraussetzungen dafür, dass Christus sich selber gibt.

Er wartet auf den rechten Augenblick, ohne sich im voraus selbst unglaubwürdig zu machen durch einen sich fromm dünkenden Eifer. Es ist doch unbestreitbar, dass viele der Personen, die das Restaurant aufsuchten, um materielle Unterstützung und Tröstung von Mensch zu Mensch zu erhalten, dort noch ´etwas anderes` gefunden haben: die Mut machende, aber diskret bleibende Gegenwart des „Christus auf Pigalle" ...

Der Glaube ist kein Selbstzweck, sondern ein Akt, der in Beziehung steht zum gelebten Leben der einzelnen Menschen. Ein Priester, ja jeder Christ hat als vorrangige Aufgabe nicht die Prüfung des Lebens der Leute nach einem Sündenkatalog. Wer die Dinge so ansieht, hegt ein simplifizierendes Bild vom Menschen; er tut zudem etwas rein Negatives, das einen Menschen, der auf der Suche ist, nur zurückstößt. Wir haben das nur allzu oft erlebt bei Lebensbeichten, die unsere Klienten von sich aus abgelegt haben.

In allen Jahren hat Siloe dies immer wieder bestätigt bekommen: Zeugnis ist die schlichte Präsenz, die niemanden ausschließende Offenheit, die als die beruhigende Gegenwart Gottes inmitten all des Elendes erlebt wird. Hat sich Gott nicht schon vor Mose offenbart als Den, der da ist und der da sein wird durch alle Zeiten hindurch? Statt einen Namen zu offenbaren, offenbart Er sich selbst, gibt er sich selbst! Und hat Jesus in seinen Begegnungen mit Menschen nicht vor allem diese reine, schrankenlose Gegenwart gelebt, die ihm freilich die Vertreter des Gesetzes übel ankreideten? Und der Name „Jesus", hebräisch *J^e šua* – bedeutet er nicht „Gott ist da als Retter", ohne Rücksicht auf Zeit und Ort?

Das biblische Zeugnis scheint auf die Sehnsüchte der Menschen des Viertels direkt zu antworten,

Die Beobachtungen von Monique aus dem Jahr 1970 veranschaulichen gut, was eben angesprochen wurde:

„Gott hat die Kirchen verlassen, weil die Kirchen verschlossen waren. Gott hat sich auf der Straße eingerichtet, in den Kneipen ... Er ist wie ein sogenanntes „Freuden-" Mädchen. Er gibt sich allen hin, ohne Vorauswahl. Einige wollten Ihn in Besitz nehmen, sie sprachen von Berufung. Was für eine Berufung? ... Zu wissen, dass dieser Kerl da ist, vor sich ein Glas Rotwein, die Gauloise in der Hand, verbraucht von diesen Regungen, erschöpft von dieser scheinbaren Untätigkeit, gehindert an Schlaf und Für-sich-sein, 18 Stunden von 24 ..., daran glaube ich ... und davon bewegt sage ich zu mir: ´Aber wer ist sein Gott? Vielleicht gehe ich hin zu diesem Gott` ... Aber ich möchte nicht für eine Art von Prostitution eine andere eintauschen. Ich möchte nur, dass dieser Typ denkt: ´Du bist schön, weil du von Gott geliebt bist, wie ich auch. Du bist kein Frauchen! Du bist eine Frau. Du hast ein Recht auf Freude, auf Schönheit, auf Sauberkeit. Du wirst es woanders finden als in diesem trüben Metier, das du dir bei deiner Geburt nicht ausgesucht hast ...` Einfach einen Ort haben, wo man keine Angst mehr zu haben braucht, wo man man selbst sein kann, wo man reden kann, weinen, seine Schritte korrigieren, wenn man fehlgegangen ist ..., einen Ort, wo immer jemand ist ..., einen Tabernakel ohne Hostie und rotes Lämpchen, einen Tabernakel von Menschen für Menschen. Ein Siloe, wo sich die Heilung des Blinden im Stillen ereignet ohne Zur-Schau-Stellung, ohne äußerliches Motiv, nur aus diesem ´Ich möchte dir helfen, schön zu werden und glücklich über ein neues Leben`."

Da drängt sich noch eine andere Frage auf – die Frage nämlich, wie Sie, der Priester und die anderen Mitarbeiter der Equipe, es durchgestanden haben, Tag für Tag zu leben vor und mit soviel Menschen-Elend? Alle diese Geschichten von so vielen verirrten, augenscheinlich verlorenen Menschen, hat es Ihnen dabei nicht das Herz zerrissen? Was haben Sie, Père Pinsard, getan, was haben Sie tun können, um vor soviel menschlichem Müll zwanzig Jahre lang standzuhalten?

Das ist natürlich eine Frage, die man mir oft stellt. Ich gebe aber zu bedenken, dass der Ausdruck „Müll" aus einer Position gesprochen ist, die sich *über* die Menschen stellen will, von denen hier die Rede ist. Er nimmt sie nicht ernst. Im übrigen beharre ich stets auf der gleichen Antwort: es ist mein christlicher Glaube, der mich getragen hat, der mein Engagement für Siloe getragen hat; dann aber auch meine Überzeugung, dass das Wichtigste die ganz schlichte, demütige Präsenz ist, die unterschiedslose Offenheit für jede und jeden.
Es ist erneut „Sabrina" – ich habe sie schon einmal zitiert – , die das spiegelt, was ich zu sagen versuche:
„Du musst den Herrn sehr liebhaben, um das zu tun, was du tust, und auch der Herr muss dich sehr lieben".
In einem Brief vom 8. Dezember jenes Jahres (1967) schrieb sie:
„Ich sehe dich. Du bist in einem ziemlich großen Saal, voller Zigarettenrauch. Die Leute reden, diskutieren. Es gibt welche, die nicht hören wollen, was ihr sagt, du oder die Equipe. Du lässt sie reden, das Herz ausleeren. Du bist müde, aber du machst weiter, weil für dich das Leben der Seele mehr Gewicht hat als das Leben des Leibes. Zudem, du liebst Jesus; folglich liebst du alle Menschen".

Dieser Glaube ist nach und nach stärker geworden, denn ich machte die Erfahrung, dass mein Vertrauen, das ich in jemanden setzte – in das Beste in ihm –, erstaunliche Früchte trug. Zum Beispiel konnte ein Klient oder eine Klientin die ganze betrübliche oder verrückte Existenz umstülpen, ein Akt, der sie zum Leben in der Gesellschaft befähigte und manchmal sogar in eine Bekehrung zum Glauben an Christus mündete.

Es gilt aber einen Punkt zu präzisieren: Siloe hat sich nie anders verstanden denn als eine Erfrischungsstation oder ein Dienstangebot auf dem Wege. Seit 1974/75 konnten wir für Notfälle zwei kleine Foyers anbieten für eine sofortige und vorläufige Unterbringung, das eine für junge Männer von 16 bis 25 Jahren, das andere für junge Frauen der selben Altersstufe. Überdies hatte die Association Siloe 5 oder 6 Gast-Familien zur Hand, die für eine Woche bis zu einem Monat einen ratlosen jungen Mann aufnehmen konnte oder eine junge Prostituierte, die aussteigen wollte.

Man sieht, der Glaube ist auch etwas Handfestes, er umfasst das Vertrauen in Gott ebenso wie das Vertrauen in Menschen, die Ihm gelegentlich als Hebel dienen.

Dieser Glaube hat sich auch verleiblicht in der intensiven Arbeit der Equipen und mit ihnen.

Jede pädagogische Equipe traf sich regelmäßig einmal pro Woche, um ihre Arbeit auf den Punkt zu bringen (durch Austausch, Reflexion usw). Man wollte sicherstellen, dass alle Equipen ihre Tätigkeit in Verbindung mit den anderen Organisationen und den offiziellen Sozialarbeitern des Viertels leisteten. Die Restaurant-Equipe wurde manchmal von Freiwilligen ergänzt, die Tischdienste übernahmen, besonders dann, wenn die Erzieher ihre vierteljährlichen Urlaubszeiten hatten.

Wer eine Ergebnis-Bilanz von Siloe sehen oder hören will, muss sich die ursprüngliche Zielsetzung von Siloe vergegenwärtigen. Ihr zufolge konnte man für Siloe grundsätzlich keine Zahlen, keinen messbaren Erfolg erwarten, dafür ein qualitatives Echo, da ja seine Besonderheit in persönlichen Begegnungen und Beziehungen bestand. Natürlich, eine beträchtliche Anzahl der Hilfesuchenden hatte konkrete, oft dringliche Bedürfnisse (Unterbringung, Geld, Arbeitslosigkeit, Streit, Illegalität etc). Doch unter ihren konkreten Bedürfnissen versteckt suchten diese männlichen oder weiblichen Bittsteller nach Anerkennung als Person.

Von Anfang an und über die Jahre erhielten wir – ich wiederhole mich bewusst – zahlreiche Antworten oder Reaktionen von Seiten der Menschen des Viertels, Männer wie Frauen, und einige hinterließen sie auch schriftlich.

So schrieb uns eine 17-jährige Ausreißerin eines Tages: „Eines Abends hat mich eine Prostituierte des Viertels mit genommen ins Restaurant Siloe, es hat mir gleich gefallen, weil es wohl der einzige Platz im Viertel ist, wo ich entspannt war, man mich nicht kannte, wo ich mich sauber fühlte".

Eine Prostituierte von 26 Jahren schrieb: „So oft ich kann, komme ich gern in dieses kleine Restaurant. Hier empfinde ich Frieden in meinem Innersten, ja ich möchte sogar sagen, hier fühle ich mich anders als sonst".

Sie will sagen: anders als auf der Straße. Ich fühle mich hier persönlich angenommen und angeblickt, als menschliche Person ernstgenommen, werde hier vorurteilsfrei bedient wie die normalen Leute, die am Nachbartisch sitzen.

Eine Frau, die über Jahre in Kontakt mit Siloe war, formulierte ihre Entdeckung so: „Man ist wirklich groß, wenn man klein ist".

Sie wollte damit sagen, das bewunderungswürdigste und zugleich anstrengendste Leben sei die Preisgabe seiner selbst für den Dienst an den anderen, den Ärmsten – ein Leben, das weder durch Ruhm noch durch Reichtum aufgewogen wird.

Eine junge Ratsuchende schrieb an eine ihrer Freundinnen:

„Siloe, das ist ein Café wie die anderen an Place Pigalle. In diesem Café gibt es eine Equipe von Männern und Frauen, die jeden Tag da sind und willkommen heißen, helfen, lieben. Du hast sogleich den Eindruck, anerkannt, akzeptiert zu werden. Wenn du auch nur den kleinsten harten Schlag erlitten hast, kannst du sicher sein, dass du dort Hilfe findest, denn in Siloe teilt man [deine Sorgen]".

In ihrem Brief, aus dem ich schon zitierte, bezeugt Monique ähnlich ihren tiefen Eindruck, den sie bei ihren ersten Kontakten empfangen hatte:

Nach dem Eingeständnis, dass sie anfangs an Siloe nicht geglaubt hatte, fasst sie später zusammen:

„Da gibt es ein kleines, sauberes Plätzchen oder es bemüht sich, es zu sein. Warum? Weil da immer jemand anzutreffen ist, mal hier oder dort sitzend, morgens, nachmittags, abends, nachts. Er ist da, er ist ein Fels, ein Angelring. Er steht immer bereit, er weiß nie, wer kommt. Er ist da wie eine Kirche, wie ein dort hingemauertes Bauwerk für diejenigen, die nicht wissen wohin. Ihre Berufung, dazusitzen in einer Kneipe, damit der, dem es schlecht geht, sicher sein kann, dass da jemand ist, der ausharrt und ihm etwas von seinem Übel abnimmt, an diese Berufung, an die glaube ich ... Solche Siloes sollte es in jeder großen Stadt geben, ein Ort, von dem man sagen kann: ´Geh dort hin, da sind Kameraden`, ein Ort, wo man aufgenommen wird, sein kann, wie man ist, und weinen darf".

Père Pinsard, das Restaurant Siloe wurde vor 11 Jahren geschlossen, es wurde 46 Jahre lang betrieben.

Im Nachhinein kommen gewisse Leute auf eine Frage zurück, die schon einmal berührt wurde: Alles zusammengenommen, was hat es gebracht? Wozu war es gut? Hat man sich nicht doch zu sehr eingelassen auf verlorene, entwurzelte Charaktere, für die man nichts mehr tun kann, jeder Moral entfremdet, psychisch zu schwach, als dass sie einen Rest von „gutem Willen" hätten mobilisieren können, Menschen also, nicht mehr zu ändern? Wenn es so war, lautet die Schlussfolgerung dann nicht: in Siloe wurde – natürlich mit viel gutem Willen – eine enorme Menge an moralischem und pädagogischem Kapital verschwendet (von den Geldmitteln gar nicht zu reden) für Personen, für die alles Mühen umsonst ist, und der Schlusspunkt hatte gute Gründe?

Das ist in der Tat eine Frage, der man häufig begegnet in einer Öffentlichkeit, die es gewohnt ist, Statistiken zu prüfen und jede Aktion, jedes Engagement an technisch-wirtschaftlichen Maßstäben zu messen.

Zu ihnen gehören auch – unter dem Dach der Kirche – Moralisten, die feststellen, es gebe von vornherein kein Mittel, selbst mit einer sich auf eine lange Zeit einrichtenden Geduld, solche „verlorenen Schafe" zurückzuholen auf das Niveau der Moral, weil sie ja in ihrer großen Mehrheit zurückfielen in den Graben moralischen und menschlichen Elends und dort verblieben. Derartige Personen würden – fügen sie hinzu – doch nie einen Stand erreichen, auf dem sie Gott gefallen und seine Vergebung verdienen könnten.

Ich meine, der Glaubende kann solchen Stimmen der Kritik und des Zweifels nur begegnen durch Berufung auf seinen Meister. Denen nämlich, die sich schmeicheln, gerecht zu sein, und nur Verachtung haben für die anderen, erzählt Er das Gleichnis vom Pharisäer und vom Zöllner: Der Pharisäer dankt Gott dafür, dass er in Ordnung ist, dass er zu den „ordentlichen" Leuten gehört, indes der Zöllner, der sich abseits hält, nur seine leeren Hände vorzeigen und Gott demütig bitten kann, dass er Erbarmen habe mit dem Sünder, der er ist. Und nur ihn erklärt Jesus für angenommen von Gott (Lk 18,14).

Die Gestalt des Zöllners mit den leeren Händen wiederholt sich im Lauf der menschlichen Geschichte zig-mal. Sie ist auch wahrnehmbar in den folgenden Briefauszügen, die Sabrina im Laufe von Jahren an mich als verantwortlichen Priester von Siloe gerichtet hat.

Sie wies zunächst darauf hin, dass ihr Ehemann, ein „harter Mann", sie erneut auf den Strich schickte („wenn es dir schlecht geht, sagst du ja"), und zwar gegen ihren Willen, hatte sie doch mittlerweile zum Glauben an Jesus Christus gefunden, war bedacht darauf, die Messe zu besuchen, weil sie sich von Jesus und seiner über Maria Magdalena und über die Samaritanerin ausgesprochenen Vergebung getröstet fühlte. Ihren Ehemann vor Augen – einen wirklich brutalen Kerl – bedauert sie ihre Zerrissenheit und Abhängigkeit mit Ausdrücken, die an Verzweiflung grenzen:

„Alles ist jetzt hässlich. Ich bin ein Dreckstück. Was willst du? Ich bin eine, wie man sagt, Prostituierte. In mir gibt es nichts Gutes. Ich muss auf den Strich gehen, auch wenn ich nicht mehr will. Es wird in meinem Leben ein einziges Licht gegeben haben, Père N. Und dich. Ich bleibe die Tochter einer Prostituierten und eines Drecksacks. Meine Mama hat sich erhängt, als ich klein war, sie hatte es satt. Ich werde es auch so machen, ich will da ´raus ...

Ich schaffe es nicht, ein ´ordentlicher` Mensch zu werden, warum also soll ich hier bleiben? Ich wollte wie die anderen Frauen sein, aber du weißt, mein Mann lässt mich ´arbeiten`. Ich habe heute morgen zwei Mal den Kumpel befriedigt, und da ich nicht wollte, gab es Schläge mit dem Gürtel. Danach habe ich alles getan, was der Kumpel wollte. Ich habe es satt, weißt du, ich bin kein Tier. Ich habe doch eine Seele. Leb wohl! Wir sehen uns im Himmel, falls ich ihn verdiene. Jesus wird mir verzeihen, da bin ich sicher" (7. Februar 1968).

Die schmerzerfüllten Ausrufe Sabrinas lassen an Paulus denken:

„Ich tue nicht, was ich will, sondern ich tue, was ich hasse.... Denn ich weiß, dass nichts Gutes in mir wohnt, will sagen, in meinem Fleisch; wirklich, das Gute zu wollen ist in meiner Reichweite, aber nicht, es auch zu vollbringen: ich tue nicht das Gute, das ich will und verübe das Böse, das ich nicht will ... Wer wird mich erlösen aus diesem Körper, der mich dem Tod weiht?"

Sein Glaube hilft ihm, die Klage zu enden mit „Dank sei Gott durch Jesus Christus, unseren Herrn!" (Röm 7,15-19.24-25)

Auch Sabrina spürt im Innersten: nicht das physische und moralische Unvermögen, nicht die gegensätzlichen Kräfte und Triebe in ihrem Leben legen ihr Schicksal bei Gott fest. Denn Er schaut auf jeden Menschen mit den Augen seines Sohnes. *Er* erniedrigt niemanden, sondern richtet jede, jeden auf. Jeder Christ soll diese Botschaft in die grenzenlose Nacht so vieler Menschen tragen, die von der ´Guten Gesellschaft` ignoriert und ausgestoßen werden.

Wenige Tage später spricht sich Sabrina die Worte selbst vor, die sie vom Priester – von mir – gehört hat:

„Ich glaube, das Wichtigste ist zu wissen, dass Jesus mich immer mit gleicher Stärke liebt und dass Er mich nicht verurteilt. Er nimmt mich an, wie ich bin, Père René, und darum liebe ich ihn sehr" (19. Februar 1968).

Unvermeidlich vermischten sich jedoch ihre zaghaften Versuche, an Jesus zu glauben, ihm das eigene Leben zu übergeben, von Zeit zu Zeit mit Zweifeln. Zudem gibt es überall Leute, die es nicht fertig bringen, Verdächtigung oder Verachtung für eine „unmoralische" Frau zu überwinden, was immer diese unternimmt, um ihr früheres Leben hinter sich zu lassen. Sie glauben nicht an wirkliche Wandlung und fühlen sich durch „Rückfälle" bestätigt. Unter den übelwollenden Blicken dieser „ordentlichen" Leute hatte Sabrina keine Chance, eine andere zu werden. Bestimmte Bemerkungen und Reaktionen hielten sie in dem Elend fest, aus dem sie sich befreien wollte. Eine übel meinende Umgebung erschütterte immer wieder ihren schwachen Glauben an ihre eigene Menschenwürde, die der Schöpfer ihr zugedacht und das Siloe-Personal ihr bestätigt hatte, und stellte sie in Frage. Wie kann eine Frau, die man so behandelt, vom Milieu freikommen und ihr Leben ändern, wenn zusätzlich die Schmerzen des ungeliebten, früh missbrauchten Kindes schwer auf der Seele des gepeinigten Menschen liegen:

„Ich sehe immer vor mir, wie mein Vater das erste Mal auf mich steigt, wie er auf mich einschlägt, damit ich begreife, und so ging es weiter". Ihre fortgesetzte Erniedrigung ließ Sabrina ausrufen:

„Das Licht ist schwerer zu bekommen als das Dunkel" (1968).

Die von Dauerschmerz gequälte Seele eines Menschen neigt zum Festhalten am bisherigen Status, weil da ein wenig Boden ist: „Das war stärker als ich".

Auf der einen Seite ist ein Mann (der Ehemann), der befiehlt, bestraft, mit dem Gürtel zuschlägt, sich der Frau nach Lust und Laune bedient („er hat sich mit mir vergnügt, ohne mir etwas zu geben"). Auf der anderen Seite eine unglückliche Seele, hungernd nach wahrer Liebe, manchmal zermürbt von Selbstzweifeln:

„Ich bleibe eine Hure, nie werde ich wie die anderen sein. Ich liebe immer noch die Männer, und doch wollte ich mein vergangenes Leben los sein ... Ich habe die Peitsche an allen Stellen gespürt. Ich beklage mich nicht ... Ich habe bekommen, was ich verdiene" (Sabrina).

Dieses Geständnis abgebend, wandte sie sich an den Priester: „Sag, liebst du mich noch?"

Bei ihm suchte sie weiterhin Jesus: „Du [der Priester], du hast Verständnis wie Jesus"!

Und weiter: „Endlich habe ich begriffen (als ich wieder deine Briefe las), dass Jesus mich liebt so, wie ich bin, im Guten wie im Schlechten". Etwas später – er hatte ihr trotz ihrer Zweifel geraten, die Messe zu besuchen – empfing sie dort eine wohltätige Einsicht:

„Das tut gut, Jesus in sich zu haben. Er ist für alle da, besonders aber für die Kleinen, die Armen ... Was täte ich ohne ihn?"

Dennoch plagte sie weiterhin die Schwäche ihres guten Willens: „Ich bin immer noch die Sklavin meines Körpers".

Aber war sie, sieht man auf ihre fast vollständige Verlassenheit von wohlmeinenden Menschen, nicht eher Opfer einer Mangelkrankheit: Mangel an Zuneigung, Freundschaft, Achtung? Die Frohe Botschaft, an die sie glauben wollte, wurde immer wieder ins Unrecht gesetzt durch üble Botschaften wie diese: „Gestern hat er [mein Mann] zu mir gesagt, eine Schlampe wie ich, die mit den anderen geschlafen hat, hat keinerlei Rechte. Ich habe nichts gesagt, aber als er weg war, habe ich geweint" (Sabrina 1969).

Anschließend versuchte sie sich aufzurichten mit dem Gedanken an Siloe und die Offenheit seines Priesters:

„Ich freue mich, dass die Mädchen dich in Siloe besuchen kommen ..., denn bei dir sind sie jemand, wie ich selbst, nicht solche, die man fortweist".

Wenig später erreichte den Priester ihr Aufschrei:

„Ich möchte, dass du mir verzeihst, auch wenn ich im Dunkel verbleibe. Ich will nicht, dass du mich fallen lässt. Mir geht es schlecht, weißt du, Père René ... Ich möchte zu dir kommen, und du kannst mich hinbringen, wohin du willst, dahin, wo es keine Prügel mehr gibt". (3. März 1970, in der Nacht)

Zwar kann sie in Gedanken an die Freier sagen. „Die Männer sind alle Schweine"! Gleichzeitig bewegen sie Schuldgefühle – „(mein Mann) hat das Recht, mich zu prügeln, auch hart" –, die immer aufs Neue die Herabsetzung ihrer Person und ihres guten Willens durch ihren Mann scheinbar rechtfertigen: „ich bleibe trotz allem eine Hure, wie er sagt, ein Kotzbrocken" (März 1970). Einmal zwang er sie, tausend Mal in ein Heft zu schreiben: „Eine Hure ist wie eine Hündin. Man muss sie mit der Peitsche dressieren"! Dass er, sie auf den untersten Rang setzend, sie auch an seine Kumpel weitergab, erlebte sie wie eine Verurteilung: „ich werde nie jemand Ordentliches sein", „ich tauge nichts", schließlich „Ich werde krepieren wie meine Mutter" (sie hatte sich erhängt).

Dennoch brachte sie immer wieder den Wunsch vor, im Siloe-Restaurant unterzukommen, Glied der Equipe zu werden und heilsame Anweisungen von Seiten des Priesters zu erhalten, als dessen „Schwester" sie sich empfand (Juli 1970). Oft wagte sie aber nicht mehr, den Namen Siloe und den des Priesters auszusprechen, da sie fürchtete, ihr Mann ertrüge es nicht länger (Juni 1970).

Mangels einer echten Chance, ein neues Leben anzufangen, entschloss sich Sabrina wohl endgültig zur Rückkehr in ihr Metier, durch das sie geprägt war und wo sie, vom Zuhälter überwacht, auch die unsauberen Kunden annehmen musste, Überträger von Krankheiten, weil die gepflegten Kunden die Dienste von jüngeren Mädchen vorzogen. In einem verzweifelten Moment bat sie den Priester, keine Zeit mehr zu verlieren mit dem Gebet für sie, denn es sei „aus mit mir", das Dunkle in ihrem Leben sei stärker als das Licht, und sie sei von Dunkel umgeben (Juli 1971).

So völlig fühlte sie sich eingesperrt im Zuhälter-System, dass sie zwar den Gedanken an eine Flucht zu Siloe träumte, aber sogleich davon Abstand nahm, weil sie, da war sie sicher, verfolgt und wieder aufgefunden würde mit allen schlimmen Folgen für sie selbst wie für die Equipe.

Anscheinend hat sie am Ende die Rückkehr in ´ihr` Metier nicht überlebt. Nach einem letzten Brief im September 1972 verstummte „Sabrina", sandte kein Lebenszeichen mehr. Doch hege ich Hoffnung, dass sie nach ihren tastenden Versuchen zu glauben, wo Gewissheit und Zweifel wechselten, schließlich den Frieden und das Licht gefunden hat, wonach sie ihr Leben lang mit so viel Leidenschaft gesucht hatte.

Bedenkt man die Zeugnisse dieser Frau über Jahre hinweg – es gibt noch etliche mehr –, kann man kaum annehmen, Arbeit und Einsatz von Siloe seien umsonst gewesen. Ganz im Gegenteil! Ich denke hier auch an den Jungen, der zwei Wochen in der Unterkunft zubrachte, von der ich gesprochen habe. Dieser junge Senegalese von 20 Jahren – zur Zeit unserer Bekanntschaft – vertrödelte in dem Viertel mehrere Monate, völlig auf sich gestellt, verloren, aber schon kontaktiert und ´gekapert` durch andere Jungen, sogenannte „Transvestiten".

Er hatte selbst schon angefangen, Transvestit zu werden und sich Hormonspritzen zu geben. Er trank, nahm Drogen. Eines Abends sah ich ihn schlafen, aber schlafen mit geschlossenen Fäusten, wie ein Kind, ausgestreckt auf einer Sitzbank im Restaurant. Mitternacht war schon vorbei, als ich ihn weckte, unter großen Mühen weckte, um ihn in eines unserer Foyers zu bringen. Er war wirklich am Kippen. Ich riet ihm in der Folge, Pigalle zu verlassen, Paris zu verlassen. Ich fand für ihn, was wir einen „Treffpunkt" nennen, einen Aufnahmeort in der Provinz, bei einem Freund, einem Priester übrigens, der als Student in diesem Restaurant gearbeitet hatte. Nach zwei Monaten begann dieser junge Mann aus sich herauszugehen, zu arbeiten, am Leben zu bleiben, ja eine gewisse Lebensfreude zu entwickeln. Ohne Zweifel hat die unprätentiöse, demütige Gegenwart Christi auf Pigalle in vielen von jenen Menschen den Glauben geweckt, die für materielle Unterstützung zu uns kamen und dabei, nach vielen Schicksalsschlägen, noch ´etwas anderes` fanden, ich meine Jesus Christus. Wer könnte je die gesamten Erfahrungen sichtbar machen, den menschlichen und spirituellen Weg darstellen, der an einem so schlichten Ort zurückgelegt wurde?! Die wenigen Zeugnisse, die ich hier angeführt habe, geben einen lebendigen Eindruck.

Wer diese Zeugnisse von Leuten, denen Père Pinsard und seine Gruppe begegnet sind, die sich mündlich oder schriftlich geäußert haben, auf sich wirken lässt, wird die Überzeugung gewinnen, dass die Aktion Siloe ein fruchtbares, ganz dem Evangelium gemäßes Unternehmen war. Natürlich sind im spirituellen Bereich Begriffe wie „Erfolg" und „Gewinn" wenig angebracht. Pastoral Engagierten ist vielmehr die Erfahrung vertraut: meistens, ja im Normalfall muss man sich damit begnügen, die Spur gelegt zu haben hin zum „Vater" (jenes berühmten Gleichnisses), der von weitem Ausschau hält, sich beeilt, den Verlorenen zu treffen, ihn umarmt und zu den Dienern sagt: Dieser arme Mensch war verloren und ist wiedergefunden!

Ich möchte das Gesagte zum Schluss noch etwas kommentieren und beginne mit zwei (in einem Brief an P. Pinsard angeführten) Äußerungen zweier bekannter Persönlichkeiten, die bedacht sein wollen.

Zunächst St. Exupéry über die Bedeutung des wahren Freundes:

„Ich, der ich, wie alle, das Bedürfnis habe, anerkannt zu werden, ich fühle mich rein in dir und gehe zu dir. Ich habe das Bedürfnis, dorthin gehen zu können, wo ich rein bin ... Es ist deine Haltung, mich zu akzeptieren als den, der ich bin, die dich bei Bedarf nachsichtig macht ... Ich bin dir dankbar, dass du mich nimmst, wie ich eben bin. Was sollte ich mit einem Freund, der mich verurteilt? ... Mein Freund, ich brauche dich wie einen Berg, wo man, oben angelangt, durchatmen kann ..."

Hier wird das menschlich wohl unerreichbare Ideal vollkommenen Verstanden- und Akzeptiertwerdens beschworen. Doch scheint die Aussage wenigstens zwei Gesichtspunkte außer Acht zu lassen.

Kann der Dienst des Freundes am Freund, seine Akzeptanz des Freundes nicht auch gerade darin bestehen, dem Freund mit sanfter Festigkeit kritisch zu begegnen – zumal wenn der Andere so, wie er ist, unzufrieden, ja unglücklich, sich selbst entfremdet erscheint?

Die zweite Äußerung stammt von Romain Gary:

„Ein Mädchen, das sich dafür bezahlen lässt, dass es seine Schenkel dem Publikum öffnet, erscheint mir wie eine Schwester der Nächstenliebe und wie eine ehrliche Verteilerin von schmackhaftem Brot, wenn man ihre schlichte Käuflichkeit vergleicht mit der Prostitution von Wissenschaftlern, die ihre Gehirne hergeben für die Herstellung der genetischen Vergiftung und des atomaren Schreckens. Neben der Perversion der Seele, des Geistes und des Ideals, der sich diese Verräter an der Menschheit ausliefern, nehmen unsere sexuellen Phantasien, käuflich oder nicht, inzestuös oder nicht, an den drei schlichten Schließmuskeln, über die unsere Anatomie verfügt, die ganze engelgleiche Unschuld eines Kinderlächelns an".

Spontan spürt man etwas Wahres in Garys Stellungnahme. Doch abstrahiert Gary offensichtlich auch vom menschlichen und sozialen Kontext, der die Lebensführung der Menschen auch des Milieus bestimmt, wie die früher angeführten Zeugnisse zeigen. Gary nimmt den gewohnheitsmäßigen Fehler des Moralismus ins Visier: dieser verdrängt aus seinem Sehen und Urteilen den gesellschaftlich-humanen Zusammenhang, was ihm erlaubt, eine vereinfachende, einseitige Auffassung vom Menschen und von der realen Welt zu pflegen. Der Moralist hat die Angewohnheit, den Begriff „Sünde" in leichtfertiger, inflationärer Weise anzuwenden. Aber jede gesunde Lehre von der Ethik, erst recht das Evangelium macht das Fällen moralischer Urteile abhängig von differenzierter Erwägung der Begleitumstände im Leben einzelner Menschen.

Gary`s Text versetzt sich in die Position des Moralismus und macht dessen Subjektivismus wie auch die unlösbaren Widersprüche abstrakter Simplifizierung deutlich. Manche Leute zitieren auch die Bibel in moralistischer Verkürzung. Aber Jesus, als er der Sünderin, der Ehebrecherin, der Frau von Sychar oder dem Zöllner Zachäus gegenüber tritt, hält sich beim Moralismus nicht auf; er verwirft ihn im Gegenteil als unvereinbar mit seiner Botschaft. Das Evangelium lehrt all jene, die sich vom Geist Jesu erleuchten lassen, ihre Nächsten mit neuen Augen zu sehen und ohne vorgefertigtes Urteil zu akzeptieren.

In der Gegenwart, vor dem Hintergrund gehäufter geistlicher Missbräuche (Macht-Missbräuche) erwarten die Menschen von den Verkündern des Evangeliums und den Repräsentanten der Kirche eine zeugnishafte Selbstkorrektur, die eine Hoffnung aufgreift, die nochmals Monique (in einem Zeitungsbeitrag) formulierte:

„Ich glaube nicht an Gott, doch denke ich ständig daran! Ich wurde in der katholischen Religion erzogen, streng, tagtäglich, von Nonnen guten Willens, die dachten, das, was sie in sich trugen, sei Die Wahrheit. Sie bleuten ihren Gott durch Hiebe mit dem Kreuz ein, 'zu unserem Wohl`, wie sie sagten, und diese Hiebe mit dem Kreuz pflanzten uns die Sünde, den Schmerz, das Schuldgefühl und die Reue ein, die nach Vergebung ruft. All diese Dinge, die die Frohe Botschaft entstellen. Eines Tages hat das kleine Mädchen, das ich war, mit zwölf Jahren aufgeschrieen: Nein! Da wurde es bestraft. 'Einen faulen Apfel nimmt man aus dem Korb, sonst verdirbt er die anderen`, sagte diese oder jene 'Mutter`, denn so nannte man sie. Zweimal jährlich gab es Einkehrtage. Drei Tage Stillschweigen ohne Unterricht noch Erholung. Gebete und Lektüre füllten die Zeit. Gleich welche Lektüre, aber natürlich die Lebensbeschreibungen der Heiligen und das Neue Testament, das man das Evangelium nannte ... Ich meditierte unbewusst.

Jesus wollte, dass alle Menschen selig seien. Er tat alles, damit es dem Anderen besser ging, diverse Wunder, usw ...
Ich habe Fragen gestellt. Ich stelle sie noch heute. Anstelle von Antworten bot man mir Argumente, so infantil, dass ich mich schäme. Man erzählte mir von der Vergebung der Sünden, von Auferstehung, von größter Liebe, die ihr Leben für uns hingibt ... Er hat Das Leben gezeigt und dann hat er seinen Tod gegeben, also das krasse Gegenteil. Das ist kompliziert; nun aber ist das Leben so einfach, dass Jesus die Kinder als Vorbilder hinstellte, das meint jene, die den Augenblick, das Jetzt leben, ohne alle Gelüste nach Unglück. Das Kreuz ist ein Versehen von Menschen, wie vieles andere ... Das ist der Gott, an den ich denke, der mehr eine Art von Leben ist als eine Person, die man erfunden hat zur Selbsttröstung. "

Monique lädt ein zu einem Streitgespräch, zu einer Auseinandersetzung darüber, was der Kern der Frohen Botschaft Christi ist oder – bescheidener – darüber, wo jener Zugang zum Evangelium liegt, den tief verwundete Menschen suchen.

Um dem Einspruch von Monique und anderen gerecht zu werden, wäre eine Reihe von Fragen zu klären. Einzelne Christen wiesen und weisen immer wieder einmal darauf hin: die offiziellen Glaubens-Bekenntnisse der Kirche bringen die Gestalt Jesu verkürzt zum Ausdruck, da seine in den vier Evangelien bezeugte umfangreiche Lehr- und Heiltätigkeit, seine Begegnungen und Dispute dort unerwähnt bleiben, dafür aber Jesu Leiden, Kreuz, seine Auferstehung vom Tod (als Verheißung für alle Gläubigen) eine Sonderstellung erhalten. Daran hat wohl auch der Apostel Paulus Anteil, der eingestandenermaßen den irdischen Jesus (sowie die spät verfassten Evangelien) nicht kannte, mag er auch in Jerusalem von den noch lebenden Aposteln mündlich manches aus Jesu Lebensgeschichte erfahren haben.

Seine Aufmerksamkeit in den Briefen ist auf den Kreuzestod Jesu und dessen Auferstehung gerichtet. Ab der Konstantinischen Ära hielt in das Christentum zudem ein priestergestütztes Opferkult-Modell Einzug, eine einseitig akzentuierte Deutung des auf Jesus Christus bauenden Glaubens. Hinzukommt, dass konkurrierende, mit dem Opferthema kombinierte oder kombinierbare Mythen und Mysterien der Antike (zumal der helle-nistisch-spätrömischen Zeit: Baal, Dionysos, Mithras), sowie gnostische Anschauungen vereinfachend und verkürzend auf Kirche und Glaubensverständnis ein-wirkten. Dem gläubigen Volk erschien das irdische Leben leicht als bloßes Provisorium, als eine Versuchungs- und Bewährungszeit gleichsam in der Wüste, und blieb die Einladung und Aufforderung Jesu zum Leben, zu geheiltem, zu von Angst und Sorge erlöstem Leben im Bewusstsein der Mehrheit unterbelichtet, obwohl ja schon die Heilige Schrift des Ersten Bundes den Gott des Lebens breit bezeugt und thematisiert. Hier wäre eine auf die vollinhaltliche Überlieferung (Evangelien!) gestützte Neuakzentuierung der Frohen Botschaft angezeigt. Sie wäre auch den Menschen, von denen auf den voraus-gehenden Seiten die Rede ist, leichter zugänglich.

Allerdings täuschte sich Monique wohl doch, wenn sie das Kreuz als bloßes Versehen („erreur") einstufte.

Gewiss sind jene Deutungen, wonach Jesu Kreuzestod als Erlösungs-´Werkzeug` in Gottes erklärter Absicht gelegen habe, heute fragwürdig geworden. Die Erfah-rungen jedoch mit dem psychischen Strickmuster sehr vieler Menschen, denen das Geltenlassen anderer, die Toleranz abweichender Meinungen und Aktivitäten schwer fällt, zumal wenn sie selbst unter Druck stehen, lassen das vorzeitige, gewaltsame Ende Jesu, wie geschehen, als wahrscheinlich erwarten.

Es ist kein Zufall, dass Platon, schon Jahrhunderte vor Jesu Tod, die klare Erkenntnis aussprach, dass die Menschen einen wahrhaft Gerechten, falls er aufträte, wegen seines so eindeutigen Gegensatzes zu ihnen selbst als Provokation erleben und sich seiner durch Folter und Galgen entledigen würden. So musste auch die „das Leben in Fülle" verheißende Sendung Jesu den intoleranten, auf Gewalt und Beseitigung sinnenden Widerstand maßgeblicher Teile der Zeitgenossen als reale, äußerste Möglichkeit ihres Endes einbeziehen. Indem Jesus den gewaltsamen Tod akzeptierte (statt sich zu verleugnen oder in Sicherheit zu bringen), stellte er darin Gottes volles, unbegrenztes Ja zu Menschen aller Art unter Beweis. So liegt es an den Menschen, Gottes Angebot eines „Lebens in Fülle" zu verstehen, anzu-nehmen oder zu verwerfen.

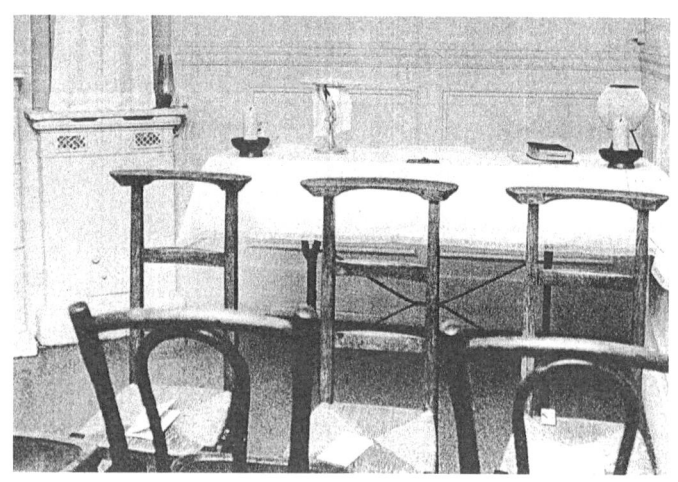

Blick in die winzige Kapelle über dem Restaurant

Die raffinierte Welt des schönen Scheins ...

... und der Mensch hinter der Fassade

Das Restaurant Siloe um 1970

Mitten im Betrieb ein Vier-Augen-Gespräch

René Pinsard, geboren 1928 in der Bretagne, nach seiner Priesterweihe einige Jahre Direktor, Ökonom und Professor am Grand Séminaire de Vannes, ab 1965 für rund 20 Jahre geistlicher Gesprächspartner im Rahmen der Aktion Siloe, dann 9 Jahre Pfarrer bei der Garde Républicaine (Polizeiverband der Gendamerie Nationale), schließlich 13 Jahre Seelsorger an einer Pariser Klinik. Er verstarb 2023 und wurde in seiner Heimat (Bretagne) begraben.

Klaus P. Fischer, geboren 1941 in Stuttgart, studierte Klassische Philologie, Philosophie, Theologie in Tübingen, Innsbruck, Paris und Frankfurt/Main. Jahrzehntelang tätig in Religionspädagogik, Erwachsenenbildung, Gemeinde- Jugend- und Patientenpastoral. Lehrbeauftragter an der Universität und Mitglied des Oratoriums Heidelberg.

Philippe Barbarin studierte in Paris an verschiedenen Hochschulen Philosophie und Katholische Theologie. Am 17. Dezember 1977 empfing er das Sakrament der Priesterweihe und wurde in den folgenden acht Jahren als Vikar in Alfortville und Vincennes eingesetzt.

Am 1. Oktober 1998 ernannte ihn Papst Johannes Paul II. zum Bischof des Bistums Moulins.

Zum Bischof geweiht wurde er am 22. November desselben Jahres durch Philibert Randriambololona, Erzbischof von Fianarantsoa in Madagaskar. Kurz nach seiner Ernennung erregte Barbarin Aufsehen mit einem Zeitungsinterview, in dem er den Pflichtzölibat für Priester in Frage stellte. 2002 wurde er als Nachfolger von Louis-Marie Billé Erzbischof des Erzbistums Lyon und trägt damit zugleich den Ehrentitel „Primas von Gallien". Seine Emeritierung erfolgte 2023

Dem Kardinalskollegium gehört Philippe Barbarin seit dem 21. Oktober 2003 als Kardinalpriester mit der Titelkirche *Santissima Trinità al Monte Pincio* an. Er nahm am Konklave 2005 und am Konklave 2013 teil.

Impressum: **Christus auf Pigalle** – Ein Gespräch in Paris
                  von Klaus P. Fischer

Herausgeber: Hans-Jürgen Sträter, Adlerstein Verlag

Verlag: BoD · Books on Demand GmbH, In de Tarpen 42, 22848 Norderstedt,
bod@bod.de
Druck: Libri Plureos GmbH, Friedensallee 273, 22763 Hamburg

ISBN: 978-3-7557-5134-2
                Ausgabe vom 2024

Fotos: Coverfoto aus common wikimedia,
                „Metrostation Pigalle in Paris"

                Die Fotos auf den Seiten 54 bis 56 stammen aus
                frühen Zeitungsberichten über Siloe aus dessen
                Anfangsjahren.